This Password Book Belongs to . . .

....

....

....

....

WEB SITE :

USER NAME :
PASSWORD :
EMAIL USER :
NOTE :

WEB SITE :

USER NAME :
PASSWORD :
EMAIL USER :
NOTE :

WEB SITE :

USER NAME :
PASSWORD :
EMAIL USER :
NOTE :

WEB SITE :

USER NAME :
PASSWORD :
EMAIL USER :
NOTE :

B C D E F G H I J K L M N O P Q R S T U V W X Y Z

WEB SITE :

USER NAME :

PASSWORD :

EMAIL USER :

NOTE :

WEB SITE :

USER NAME :

PASSWORD :

EMAIL USER :

NOTE :

WEB SITE :

USER NAME :

PASSWORD :

EMAIL USER :

NOTE :

WEB SITE :

USER NAME :

PASSWORD :

EMAIL USER :

NOTE :

WEB SITE :

USER NAME : ....

PASSWORD : ....

EMAIL USER : ....

NOTE : ....

WEB SITE :

USER NAME : ....

PASSWORD : ....

EMAIL USER : ....

NOTE : ....

WEB SITE :

USER NAME : ....

PASSWORD : ....

EMAIL USER : ....

NOTE : ....

WEB SITE :

USER NAME : ....

PASSWORD : ....

EMAIL USER : ....

NOTE : ....

WEB SITE :

USER NAME :

PASSWORD :

EMAIL USER :

NOTE :

WEB SITE :

USER NAME :

PASSWORD :

EMAIL USER :

NOTE :

WEB SITE :

USER NAME :

PASSWORD :

EMAIL USER :

NOTE :

WEB SITE :

USER NAME :

PASSWORD :

EMAIL USER :

NOTE :

A B C D E F G H I J K L M N O P Q R S T U V W X Y Z

A

B

C
D
E
F
G
H
I
J
K
L
M
N
O
P
Q
R
S
T
U
V
W
X
Y
Z

WEB SITE :

USER NAME : ....

PASSWORD : ....

EMAIL USER : ....

NOTE : ....

WEB SITE :

USER NAME : ....

PASSWORD : ....

EMAIL USER : ....

NOTE : ....

WEB SITE :

USER NAME : ....

PASSWORD : ....

EMAIL USER : ....

NOTE : ....

WEB SITE :

USER NAME : ....

PASSWORD : ....

EMAIL USER : ....

NOTE : ....

WEB SITE :

USER NAME : ....
PASSWORD : ....
EMAIL USER : ....
NOTE : ....

WEB SITE :

USER NAME : ....
PASSWORD : ....
EMAIL USER : ....
NOTE : ....

WEB SITE :

USER NAME : ....
PASSWORD : ....
EMAIL USER : ....
NOTE : ....

WEB SITE :

USER NAME : ....
PASSWORD : ....
EMAIL USER : ....
NOTE : ....

A
B
C
D
E
F
G
H
I
J
K
L
M
N
O
P
Q
R
S
T
U
V
W
X
Y
Z

WEB SITE :

USER NAME : ....

PASSWORD : ....

EMAIL USER : ....

NOTE : ....

WEB SITE :

USER NAME : ....

PASSWORD : ....

EMAIL USER : ....

NOTE : ....

WEB SITE :

USER NAME : ....

PASSWORD : ....

EMAIL USER : ....

NOTE : ....

WEB SITE :

USER NAME : ....

PASSWORD : ....

EMAIL USER : ....

NOTE : ....

WEB SITE :

USER NAME :
PASSWORD :
EMAIL USER :
NOTE :

WEB SITE :

USER NAME :
PASSWORD :
EMAIL USER :
NOTE :

WEB SITE :

USER NAME :
PASSWORD :
EMAIL USER :
NOTE :

WEB SITE :

USER NAME :
PASSWORD :
EMAIL USER :
NOTE :

WEB SITE :

USER NAME : ....

PASSWORD : ....

EMAIL USER : ....

NOTE : ....

WEB SITE :

USER NAME : ....

PASSWORD : ....

EMAIL USER : ....

NOTE : ....

WEB SITE :

USER NAME : ....

PASSWORD : ....

EMAIL USER : ....

NOTE : ....

WEB SITE :

USER NAME : ....

PASSWORD : ....

EMAIL USER : ....

NOTE : ....

WEB SITE :

USER NAME :

PASSWORD :

EMAIL USER :

NOTE :

WEB SITE :

USER NAME :

PASSWORD :

EMAIL USER :

NOTE :

WEB SITE :

USER NAME :

PASSWORD :

EMAIL USER :

NOTE :

WEB SITE :

USER NAME :

PASSWORD :

EMAIL USER :

NOTE :

A B **C** D E F G H I J K L M N O P Q R S T U V W X Y Z

WEB SITE :

USER NAME : ....

PASSWORD : ....

EMAIL USER : ....

NOTE : ....

WEB SITE :

USER NAME : ....

PASSWORD : ....

EMAIL USER : ....

NOTE : ....

WEB SITE :

USER NAME : ....

PASSWORD : ....

EMAIL USER : ....

NOTE : ....

WEB SITE :

USER NAME : ....

PASSWORD : ....

EMAIL USER : ....

NOTE : ....

A B **C** D E F G H I J K L M N O P Q R S T U V W X Y Z

A B C **D** E F G H I J K L M N O P Q R S T U V W X Y Z

WEB SITE :

USER NAME : ....

PASSWORD : ....

EMAIL USER : ....

NOTE : ....

WEB SITE :

USER NAME : ....

PASSWORD : ....

EMAIL USER : ....

NOTE : ....

WEB SITE :

USER NAME : ....

PASSWORD : ....

EMAIL USER : ....

NOTE : ....

WEB SITE :

USER NAME : ....

PASSWORD : ....

EMAIL USER : ....

NOTE : ....

WEB SITE :

USER NAME :
PASSWORD :
EMAIL USER :
NOTE :

WEB SITE :

USER NAME :
PASSWORD :
EMAIL USER :
NOTE :

WEB SITE :

USER NAME :
PASSWORD :
EMAIL USER :
NOTE :

WEB SITE :

USER NAME :
PASSWORD :
EMAIL USER :
NOTE :

A B C **D** E F G H I J K L M N O P Q R S T U V W X Y Z

WEB SITE :

USER NAME : ....

PASSWORD : ....

EMAIL USER : ....

NOTE : ....

WEB SITE :

USER NAME : ....

PASSWORD : ....

EMAIL USER : ....

NOTE : ....

WEB SITE :

USER NAME : ....

PASSWORD : ....

EMAIL USER : ....

NOTE : ....

WEB SITE :

USER NAME : ....

PASSWORD : ....

EMAIL USER : ....

NOTE : ....

WEB SITE :

USER NAME : ....
PASSWORD   : ....
EMAIL USER : ....
NOTE : ....

WEB SITE :

USER NAME : ....
PASSWORD   : ....
EMAIL USER : ....
NOTE : ....

WEB SITE :

USER NAME : ....
PASSWORD   : ....
EMAIL USER : ....
NOTE : ....

WEB SITE :

USER NAME : ....
PASSWORD   : ....
EMAIL USER : ....
NOTE : ....

WEB SITE :

USER NAME : ....

PASSWORD : ....

EMAIL USER : ....

NOTE : ....

WEB SITE :

USER NAME : ....

PASSWORD : ....

EMAIL USER : ....

NOTE : ....

WEB SITE :

USER NAME : ....

PASSWORD : ....

EMAIL USER : ....

NOTE : ....

WEB SITE :

USER NAME : ....

PASSWORD : ....

EMAIL USER : ....

NOTE : ....

WEB SITE :

USER NAME :

PASSWORD :

EMAIL USER :

NOTE :

WEB SITE :

USER NAME :

PASSWORD :

EMAIL USER :

NOTE :

WEB SITE :

USER NAME :

PASSWORD :

EMAIL USER :

NOTE :

WEB SITE :

USER NAME :

PASSWORD :

EMAIL USER :

NOTE :

A B C D **E** F G H I J K L M N O P Q R S T U V W X Y Z

WEB SITE :

USER NAME : ....

PASSWORD : ....

EMAIL USER : ....

NOTE : ....

WEB SITE :

USER NAME : ....

PASSWORD : ....

EMAIL USER : ....

NOTE : ....

WEB SITE :

USER NAME : ....

PASSWORD : ....

EMAIL USER : ....

NOTE : ....

WEB SITE :

USER NAME : ....

PASSWORD : ....

EMAIL USER : ....

NOTE : ....

WEB SITE :

USER NAME :

PASSWORD :

EMAIL USER :

NOTE :

WEB SITE :

USER NAME :

PASSWORD :

EMAIL USER :

NOTE :

WEB SITE :

USER NAME :

PASSWORD :

EMAIL USER :

NOTE :

WEB SITE :

USER NAME :

PASSWORD :

EMAIL USER :

NOTE :

A B C D F G H I J K L M N O P Q R S T U V W X Y Z

A B C D E **F** G H I J K L M N O P Q R S T U V W X Y Z

WEB SITE :

USER NAME : ....

PASSWORD : ....

EMAIL USER : ....

NOTE : ....

WEB SITE :

USER NAME : ....

PASSWORD : ....

EMAIL USER : ....

NOTE : ....

WEB SITE :

USER NAME : ....

PASSWORD : ....

EMAIL USER : ....

NOTE : ....

WEB SITE :

USER NAME : ....

PASSWORD : ....

EMAIL USER : ....

NOTE : ....

WEB SITE :

    USER NAME : ....

    PASSWORD : ....

    EMAIL USER : ....

    NOTE : ....

WEB SITE :

    USER NAME : ....

    PASSWORD : ....

    EMAIL USER : ....

    NOTE : ....

WEB SITE :

    USER NAME : ....

    PASSWORD : ....

    EMAIL USER : ....

    NOTE : ....

WEB SITE :

    USER NAME : ....

    PASSWORD : ....

    EMAIL USER : ....

    NOTE : ....

A B C D E F G H I J K L M N O P Q R S T U V W X Y Z

WEB SITE :

USER NAME : ....

PASSWORD : ....

EMAIL USER : ....

NOTE : ....

WEB SITE :

USER NAME : ....

PASSWORD : ....

EMAIL USER : ....

NOTE : ....

WEB SITE :

USER NAME : ....

PASSWORD : ....

EMAIL USER : ....

NOTE : ....

WEB SITE :

USER NAME : ....

PASSWORD : ....

EMAIL USER : ....

NOTE : ....

WEB SITE :

USER NAME : ....

PASSWORD : ....

EMAIL USER : ....

NOTE : ....

WEB SITE :

USER NAME : ....

PASSWORD : ....

EMAIL USER : ....

NOTE : ....

WEB SITE :

USER NAME : ....

PASSWORD : ....

EMAIL USER : ....

NOTE : ....

WEB SITE :

USER NAME : ....

PASSWORD : ....

EMAIL USER : ....

NOTE : ....

A
B
C
D
E
F
G
H
I
J
K
L
M
N
O
P
Q
R
S
T
U
V
W
X
Y
Z

WEB SITE :

USER NAME :
PASSWORD :
EMAIL USER :
NOTE :

WEB SITE :

USER NAME :
PASSWORD :
EMAIL USER :
NOTE :

WEB SITE :

USER NAME :
PASSWORD :
EMAIL USER :
NOTE :

WEB SITE :

USER NAME :
PASSWORD :
EMAIL USER :
NOTE :

WEB SITE :

USER NAME :
PASSWORD :
EMAIL USER :
NOTE :

WEB SITE :

USER NAME :
PASSWORD :
EMAIL USER :
NOTE :

WEB SITE :

USER NAME :
PASSWORD :
EMAIL USER :
NOTE :

WEB SITE :

USER NAME :
PASSWORD :
EMAIL USER :
NOTE :

A B C D E F **G** H I J K L M N O P Q R S T U V W X Y Z

WEB SITE :

USER NAME : ....

PASSWORD : ....

EMAIL USER : ....

NOTE : ....

WEB SITE :

USER NAME : ....

PASSWORD : ....

EMAIL USER : ....

NOTE : ....

WEB SITE :

USER NAME : ....

PASSWORD : ....

EMAIL USER : ....

NOTE : ....

WEB SITE :

USER NAME : ....

PASSWORD : ....

EMAIL USER : ....

NOTE : ....

WEB SITE :

USER NAME : ....

PASSWORD : ....

EMAIL USER : ....

NOTE : ....

WEB SITE :

USER NAME : ....

PASSWORD : ....

EMAIL USER : ....

NOTE : ....

WEB SITE :

USER NAME : ....

PASSWORD : ....

EMAIL USER : ....

NOTE : ....

WEB SITE :

USER NAME : ....

PASSWORD : ....

EMAIL USER : ....

NOTE : ....

A B C D E F **G** H I J K L M N O P Q R S T U V W X Y Z

WEB SITE :

USER NAME : ....

PASSWORD : ....

EMAIL USER : ....

NOTE : ....

WEB SITE :

USER NAME : ....

PASSWORD : ....

EMAIL USER : ....

NOTE : ....

WEB SITE :

USER NAME : ....

PASSWORD : ....

EMAIL USER : ....

NOTE : ....

WEB SITE :

USER NAME : ....

PASSWORD : ....

EMAIL USER : ....

NOTE : ....

WEB SITE :

USER NAME : ....
PASSWORD : ....
EMAIL USER : ....
NOTE : ....

WEB SITE :

USER NAME : ....
PASSWORD : ....
EMAIL USER : ....
NOTE : ....

WEB SITE :

USER NAME : ....
PASSWORD : ....
EMAIL USER : ....
NOTE : ....

WEB SITE :

USER NAME : ....
PASSWORD : ....
EMAIL USER : ....
NOTE : ....

A B C D E F G **H** I J K L M N O P Q R S T U V W X Y Z

WEB SITE :

USER NAME : ....
PASSWORD : ....
EMAIL USER : ....
NOTE : ....

WEB SITE :

USER NAME : ....
PASSWORD : ....
EMAIL USER : ....
NOTE : ....

WEB SITE :

USER NAME : ....
PASSWORD : ....
EMAIL USER : ....
NOTE : ....

WEB SITE :

USER NAME : ....
PASSWORD : ....
EMAIL USER : ....
NOTE : ....

<table>
<tr><td>WEB SITE :</td></tr>
</table>

USER NAME : ....

PASSWORD : ....

EMAIL USER : ....

NOTE : ....

<table>
<tr><td>WEB SITE :</td></tr>
</table>

USER NAME : ....

PASSWORD : ....

EMAIL USER : ....

NOTE : ....

<table>
<tr><td>WEB SITE :</td></tr>
</table>

USER NAME : ....

PASSWORD : ....

EMAIL USER : ....

NOTE : ....

<table>
<tr><td>WEB SITE :</td></tr>
</table>

USER NAME : ....

PASSWORD : ....

EMAIL USER : ....

NOTE : ....

WEB SITE :

USER NAME : ....

PASSWORD : ....

EMAIL USER : ....

NOTE : ....

WEB SITE :

USER NAME : ....

PASSWORD : ....

EMAIL USER : ....

NOTE : ....

WEB SITE :

USER NAME : ....

PASSWORD : ....

EMAIL USER : ....

NOTE : ....

WEB SITE :

USER NAME : ....

PASSWORD : ....

EMAIL USER : ....

NOTE : ....

A B C D E F G H **I** J K L M N O P Q R S T U V W X Y Z

WEB SITE :

USER NAME : ....

PASSWORD : ....

EMAIL USER : ....

NOTE : ....

WEB SITE :

USER NAME : ....

PASSWORD : ....

EMAIL USER : ....

NOTE : ....

WEB SITE :

USER NAME : ....

PASSWORD : ....

EMAIL USER : ....

NOTE : ....

WEB SITE :

USER NAME : ....

PASSWORD : ....

EMAIL USER : ....

NOTE : ....

WEB SITE :

USER NAME :

PASSWORD :

EMAIL USER :

NOTE :

WEB SITE :

USER NAME :

PASSWORD :

EMAIL USER :

NOTE :

WEB SITE :

USER NAME :

PASSWORD :

EMAIL USER :

NOTE :

WEB SITE :

USER NAME :

PASSWORD :

EMAIL USER :

NOTE :

A B C D E F G H I J K L M N O P Q R S T U V W X Y Z

WEB SITE :

    USER NAME : ....

    PASSWORD : ....

    EMAIL USER : ....

    NOTE : ....

WEB SITE :

    USER NAME : ....

    PASSWORD : ....

    EMAIL USER : ....

    NOTE : ....

WEB SITE :

    USER NAME : ....

    PASSWORD : ....

    EMAIL USER : ....

    NOTE : ....

WEB SITE :

    USER NAME : ....

    PASSWORD : ....

    EMAIL USER : ....

    NOTE : ....

WEB SITE :

USER NAME :...

PASSWORD :...

EMAIL USER :...

NOTE :...

WEB SITE :

USER NAME :...

PASSWORD :...

EMAIL USER :...

NOTE :...

WEB SITE :

USER NAME :...

PASSWORD :...

EMAIL USER :...

NOTE :...

WEB SITE :

USER NAME :...

PASSWORD :...

EMAIL USER :...

NOTE :...

A B C D E F G H I **J** K L M N O P Q R S T U V W X Y Z

A
B
C
D
E
F
G
H
I
J
K
L
M
N
O
P
Q
R
S
T
U
V
W
X
Y
Z

WEB SITE :

USER NAME :
PASSWORD :
EMAIL USER :
NOTE :

WEB SITE :

USER NAME :
PASSWORD :
EMAIL USER :
NOTE :

WEB SITE :

USER NAME :
PASSWORD :
EMAIL USER :
NOTE :

WEB SITE :

USER NAME :
PASSWORD :
EMAIL USER :
NOTE :

WEB SITE :

USER NAME :

PASSWORD :

EMAIL USER :

NOTE :

WEB SITE :

USER NAME :

PASSWORD :

EMAIL USER :

NOTE :

WEB SITE :

USER NAME :

PASSWORD :

EMAIL USER :

NOTE :

WEB SITE :

USER NAME :

PASSWORD :

EMAIL USER :

NOTE :

A B C D E F G H I **J** K L M N O P Q R S T U V W X Y Z

WEB SITE :

USER NAME : ....

PASSWORD : ....

EMAIL USER : ....

NOTE : ....

WEB SITE :

USER NAME : ....

PASSWORD : ....

EMAIL USER : ....

NOTE : ....

WEB SITE :

USER NAME : ....

PASSWORD : ....

EMAIL USER : ....

NOTE : ....

WEB SITE :

USER NAME : ....

PASSWORD : ....

EMAIL USER : ....

NOTE : ....

WEB SITE :

USER NAME : ....

PASSWORD : ....

EMAIL USER : ....

NOTE : ....

WEB SITE :

USER NAME : ....

PASSWORD : ....

EMAIL USER : ....

NOTE : ....

WEB SITE :

USER NAME : ....

PASSWORD : ....

EMAIL USER : ....

NOTE : ....

WEB SITE :

USER NAME : ....

PASSWORD : ....

EMAIL USER : ....

NOTE : ....

A B C D E F G H I J **K** L M N O P Q R S T U V W X Y Z

WEB SITE :

USER NAME : ....

PASSWORD : ....

EMAIL USER : ....

NOTE : ....

WEB SITE :

USER NAME : ....

PASSWORD : ....

EMAIL USER : ....

NOTE : ....

WEB SITE :

USER NAME : ....

PASSWORD : ....

EMAIL USER : ....

NOTE : ....

WEB SITE :

USER NAME : ....

PASSWORD : ....

EMAIL USER : ....

NOTE : ....

WEB SITE :

USER NAME : ....

PASSWORD : ....

EMAIL USER : ....

NOTE : ....

WEB SITE :

USER NAME : ....

PASSWORD : ....

EMAIL USER : ....

NOTE : ....

WEB SITE :

USER NAME : ....

PASSWORD : ....

EMAIL USER : ....

NOTE : ....

WEB SITE :

USER NAME : ....

PASSWORD : ....

EMAIL USER : ....

NOTE : ....

A B C D E F G H I J **K** L M N O P Q R S T U V W X Y Z

A B C D E F G H I J K **L** M N O P Q R S T U V W X Y Z

WEB SITE :

USER NAME :

PASSWORD :

EMAIL USER :

NOTE :

WEB SITE :

USER NAME :

PASSWORD :

EMAIL USER :

NOTE :

WEB SITE :

USER NAME :

PASSWORD :

EMAIL USER :

NOTE :

WEB SITE :

USER NAME :

PASSWORD :

EMAIL USER :

NOTE :

A
B
C
D
E
F
G
H
I
J
K
L
M
N
O
P
Q
R
S
T
U
V
W
X
Y
Z

WEB SITE :

USER NAME :

PASSWORD :

EMAIL USER :

NOTE :

WEB SITE :

USER NAME :

PASSWORD :

EMAIL USER :

NOTE :

WEB SITE :

USER NAME :

PASSWORD :

EMAIL USER :

NOTE :

WEB SITE :

USER NAME :

PASSWORD :

EMAIL USER :

NOTE :

<table>
<tr><td>

WEB SITE :

    USER NAME : ....

    PASSWORD : ....

    EMAIL USER : ....

    NOTE : ....

</td></tr>
</table>

WEB SITE :

USER NAME : ....

PASSWORD : ....

EMAIL USER : ....

NOTE : ....

WEB SITE :

USER NAME : ....

PASSWORD : ....

EMAIL USER : ....

NOTE : ....

WEB SITE :

USER NAME : ....

PASSWORD : ....

EMAIL USER : ....

NOTE : ....

A B C D E F G H I J K **L** M N O P Q R S T U V W X Y Z

A
B
C
D
E
F
G
H
I
J
K
L
M
N
O
P
Q
R
S
T
U
V
W
X
Y
Z

WEB SITE :

USER NAME : ....
PASSWORD : ....
EMAIL USER : ....
NOTE : ....

WEB SITE :

USER NAME : ....
PASSWORD : ....
EMAIL USER : ....
NOTE : ....

WEB SITE :

USER NAME : ....
PASSWORD : ....
EMAIL USER : ....
NOTE : ....

WEB SITE :

USER NAME : ....
PASSWORD : ....
EMAIL USER : ....
NOTE : ....

WEB SITE :

USER NAME :
PASSWORD :
EMAIL USER :
NOTE :

WEB SITE :

USER NAME :
PASSWORD :
EMAIL USER :
NOTE :

WEB SITE :

USER NAME :
PASSWORD :
EMAIL USER :
NOTE :

WEB SITE :

USER NAME :
PASSWORD :
EMAIL USER :
NOTE :

A B C D E F G H I J K L **M** N O P Q R S T U V W X Y Z

WEB SITE :

USER NAME :
PASSWORD :
EMAIL USER :
NOTE :

WEB SITE :

USER NAME :
PASSWORD :
EMAIL USER :
NOTE :

WEB SITE :

USER NAME :
PASSWORD :
EMAIL USER :
NOTE :

WEB SITE :

USER NAME :
PASSWORD :
EMAIL USER :
NOTE :

WEB SITE :

USER NAME :
PASSWORD :
EMAIL USER :
NOTE :

WEB SITE :

USER NAME :
PASSWORD :
EMAIL USER :
NOTE :

WEB SITE :

USER NAME :
PASSWORD :
EMAIL USER :
NOTE :

WEB SITE :

USER NAME :
PASSWORD :
EMAIL USER :
NOTE :

WEB SITE :

USER NAME :
PASSWORD :
EMAIL USER :
NOTE :

WEB SITE :

USER NAME :
PASSWORD :
EMAIL USER :
NOTE :

WEB SITE :

USER NAME :
PASSWORD :
EMAIL USER :
NOTE :

WEB SITE :

USER NAME :
PASSWORD :
EMAIL USER :
NOTE :

WEB SITE :

USER NAME : ....

PASSWORD : ....

EMAIL USER : ....

NOTE : ....

WEB SITE :

USER NAME : ....

PASSWORD : ....

EMAIL USER : ....

NOTE : ....

WEB SITE :

USER NAME : ....

PASSWORD : ....

EMAIL USER : ....

NOTE : ....

WEB SITE :

USER NAME : ....

PASSWORD : ....

EMAIL USER : ....

NOTE : ....

A B C D E F G H I J K L M **N** O P Q R S T U V W X Y Z

A
B
C
D
E
F
G
H
I
J
K
L
M
N
O
P
Q
R
S
T
U
V
W
X
Y
Z

WEB SITE :

USER NAME : ....

PASSWORD : ....

EMAIL USER : ....

NOTE : ....

WEB SITE :

USER NAME : ....

PASSWORD : ....

EMAIL USER : ....

NOTE : ....

WEB SITE :

USER NAME : ....

PASSWORD : ....

EMAIL USER : ....

NOTE : ....

WEB SITE :

USER NAME : ....

PASSWORD : ....

EMAIL USER : ....

NOTE : ....

WEB SITE :

USER NAME :
PASSWORD :
EMAIL USER :
NOTE :

WEB SITE :

USER NAME :
PASSWORD :
EMAIL USER :
NOTE :

WEB SITE :

USER NAME :
PASSWORD :
EMAIL USER :
NOTE :

WEB SITE :

USER NAME :
PASSWORD :
EMAIL USER :
NOTE :

A B C D E F G H I J K L M N O P Q R S T U V W X Y Z

WEB SITE :

USER NAME :

PASSWORD :

EMAIL USER :

NOTE :

WEB SITE :

USER NAME :

PASSWORD :

EMAIL USER :

NOTE :

WEB SITE :

USER NAME :

PASSWORD :

EMAIL USER :

NOTE :

WEB SITE :

USER NAME :

PASSWORD :

EMAIL USER :

NOTE :

WEB SITE :

USER NAME : ....
PASSWORD : ....
EMAIL USER : ....
NOTE : ....

WEB SITE :

USER NAME : ....
PASSWORD : ....
EMAIL USER : ....
NOTE : ....

WEB SITE :

USER NAME : ....
PASSWORD : ....
EMAIL USER : ....
NOTE : ....

WEB SITE :

USER NAME : ....
PASSWORD : ....
EMAIL USER : ....
NOTE : ....

A B C D E F G H I J K L M N O P Q R S T U V W X Y Z

WEB SITE :

    USER NAME : ....

    PASSWORD : ....

    EMAIL USER : ....

    NOTE : ....

WEB SITE :

    USER NAME : ....

    PASSWORD : ....

    EMAIL USER : ....

    NOTE : ....

WEB SITE :

    USER NAME : ....

    PASSWORD : ....

    EMAIL USER : ....

    NOTE : ....

WEB SITE :

    USER NAME : ....

    PASSWORD : ....

    EMAIL USER : ....

    NOTE : ....

WEB SITE :

USER NAME : ....
PASSWORD : ....
EMAIL USER : ....
NOTE : ....

WEB SITE :

USER NAME : ....
PASSWORD : ....
EMAIL USER : ....
NOTE : ....

WEB SITE :

USER NAME : ....
PASSWORD : ....
EMAIL USER : ....
NOTE : ....

WEB SITE :

USER NAME : ....
PASSWORD : ....
EMAIL USER : ....
NOTE : ....

A B C D E F G H I J K L M N O P Q R S T U V W X Y Z

A B C D E F G H I J K L M N O **P** Q R S T U V W X Y Z

WEB SITE :

USER NAME : ....

PASSWORD : ....

EMAIL USER : ....

NOTE : ....

WEB SITE :

USER NAME : ....

PASSWORD : ....

EMAIL USER : ....

NOTE : ....

WEB SITE :

USER NAME : ....

PASSWORD : ....

EMAIL USER : ....

NOTE : ....

WEB SITE :

USER NAME : ....

PASSWORD : ....

EMAIL USER : ....

NOTE : ....

WEB SITE :

USER NAME :
PASSWORD :
EMAIL USER :
NOTE :

WEB SITE :

USER NAME :
PASSWORD :
EMAIL USER :
NOTE :

WEB SITE :

USER NAME :
PASSWORD :
EMAIL USER :
NOTE :

WEB SITE :

USER NAME :
PASSWORD :
EMAIL USER :
NOTE :

A B C D E F G H I J K L M N O **P** Q R S T U V W X Y Z

WEB SITE :

USER NAME : ....

PASSWORD : ....

EMAIL USER : ....

NOTE : ....

WEB SITE :

USER NAME : ....

PASSWORD : ....

EMAIL USER : ....

NOTE : ....

WEB SITE :

USER NAME : ....

PASSWORD : ....

EMAIL USER : ....

NOTE : ....

WEB SITE :

USER NAME : ....

PASSWORD : ....

EMAIL USER : ....

NOTE : ....

WEB SITE :

USER NAME : ....

PASSWORD : ....

EMAIL USER : ....

NOTE : ....

WEB SITE :

USER NAME : ....

PASSWORD : ....

EMAIL USER : ....

NOTE : ....

WEB SITE :

USER NAME : ....

PASSWORD : ....

EMAIL USER : ....

NOTE : ....

WEB SITE :

USER NAME : ....

PASSWORD : ....

EMAIL USER : ....

NOTE : ....

A B C D E F G H I J K L M N O **P** Q R S T U V W X Y Z

A B C D E F G H I J K L M N O P **Q** R S T U V W X Y Z

WEB SITE :

USER NAME : ....

PASSWORD : ....

EMAIL USER : ....

NOTE : ....

WEB SITE :

USER NAME : ....

PASSWORD : ....

EMAIL USER : ....

NOTE : ....

WEB SITE :

USER NAME : ....

PASSWORD : ....

EMAIL USER : ....

NOTE : ....

WEB SITE :

USER NAME : ....

PASSWORD : ....

EMAIL USER : ....

NOTE : ....

WEB SITE :

USER NAME : ....

PASSWORD : ....

EMAIL USER : ....

NOTE : ....

WEB SITE :

USER NAME : ....

PASSWORD : ....

EMAIL USER : ....

NOTE : ....

WEB SITE :

USER NAME : ....

PASSWORD : ....

EMAIL USER : ....

NOTE : ....

WEB SITE :

USER NAME : ....

PASSWORD : ....

EMAIL USER : ....

NOTE : ....

A
B
C
D
E
F
G
H
I
J
K
L
M
N
O
P
Q
R
S
T
U
V
W
X
Y
Z

WEB SITE :

USER NAME : ....
PASSWORD : ....
EMAIL USER : ....
NOTE : ....

WEB SITE :

USER NAME : ....
PASSWORD : ....
EMAIL USER : ....
NOTE : ....

WEB SITE :

USER NAME : ....
PASSWORD : ....
EMAIL USER : ....
NOTE : ....

WEB SITE :

USER NAME : ....
PASSWORD : ....
EMAIL USER : ....
NOTE : ....

WEB SITE :

USER NAME :
PASSWORD :
EMAIL USER :
NOTE :

WEB SITE :

USER NAME :
PASSWORD :
EMAIL USER :
NOTE :

WEB SITE :

USER NAME :
PASSWORD :
EMAIL USER :
NOTE :

WEB SITE :

USER NAME :
PASSWORD :
EMAIL USER :
NOTE :

A
B
C
D
E
F
G
H
I
J
K
L
M
N
O
P
Q
R
S
T
U
V
W
X
Y
Z

A B C D E F G H I J K L M N O P Q **R** S T U V W X Y Z

WEB SITE :

USER NAME : ....

PASSWORD : ....

EMAIL USER : ....

NOTE : ....

WEB SITE :

USER NAME : ....

PASSWORD : ....

EMAIL USER : ....

NOTE : ....

WEB SITE :

USER NAME : ....

PASSWORD : ....

EMAIL USER : ....

NOTE : ....

WEB SITE :

USER NAME : ....

PASSWORD : ....

EMAIL USER : ....

NOTE : ....

WEB SITE :	
USER NAME :	
PASSWORD :	
EMAIL USER :	
NOTE :	

WEB SITE :	
USER NAME :	
PASSWORD :	
EMAIL USER :	
NOTE :	

WEB SITE :	
USER NAME :	
PASSWORD :	
EMAIL USER :	
NOTE :	

WEB SITE :	
USER NAME :	
PASSWORD :	
EMAIL USER :	
NOTE :	

A
B
C
D
E
F
G
H
I
J
K
L
M
N
O
P
Q
R
S
T
U
V
W
X
Y
Z

WEB SITE :

USER NAME : ....

PASSWORD : ....

EMAIL USER : ....

NOTE : ....

WEB SITE :

USER NAME : ....

PASSWORD : ....

EMAIL USER : ....

NOTE : ....

WEB SITE :

USER NAME : ....

PASSWORD : ....

EMAIL USER : ....

NOTE : ....

WEB SITE :

USER NAME : ....

PASSWORD : ....

EMAIL USER : ....

NOTE : ....

| WEB SITE : |
| USER NAME : .... |
| PASSWORD : .... |
| EMAIL USER : .... |
| NOTE : .... |

| WEB SITE : |
| USER NAME : .... |
| PASSWORD : .... |
| EMAIL USER : .... |
| NOTE : .... |

| WEB SITE : |
| USER NAME : .... |
| PASSWORD : .... |
| EMAIL USER : .... |
| NOTE : .... |

| WEB SITE : |
| USER NAME : .... |
| PASSWORD : .... |
| EMAIL USER : .... |
| NOTE : .... |

A B C D E F G H I J K L M N O P Q **R** S T U V W X Y Z

A B C D E F G H I J K L M N O P Q R **S** T U V W X Y Z

WEB SITE :

USER NAME : ....

PASSWORD : ....

EMAIL USER : ....

NOTE : ....

WEB SITE :

USER NAME : ....

PASSWORD : ....

EMAIL USER : ....

NOTE : ....

WEB SITE :

USER NAME : ....

PASSWORD : ....

EMAIL USER : ....

NOTE : ....

WEB SITE :

USER NAME : ....

PASSWORD : ....

EMAIL USER : ....

NOTE : ....

WEB SITE :

USER NAME : ....
PASSWORD : ....
EMAIL USER : ....
NOTE : ....

WEB SITE :

USER NAME : ....
PASSWORD : ....
EMAIL USER : ....
NOTE : ....

WEB SITE :

USER NAME : ....
PASSWORD : ....
EMAIL USER : ....
NOTE : ....

WEB SITE :

USER NAME : ....
PASSWORD : ....
EMAIL USER : ....
NOTE : ....

A B C D E F G H I J K L M N O P Q R **S** T U V W X Y Z

A
B
C
D
E
F
G
H
I
J
K
L
M
N
O
P
Q
R
S
T
U
V
W
X
Y
Z

WEB SITE :

USER NAME :
PASSWORD :
EMAIL USER :
NOTE :

WEB SITE :

USER NAME :
PASSWORD :
EMAIL USER :
NOTE :

WEB SITE :

USER NAME :
PASSWORD :
EMAIL USER :
NOTE :

WEB SITE :

USER NAME :
PASSWORD :
EMAIL USER :
NOTE :

WEB SITE :

USER NAME : ....
PASSWORD : ....
EMAIL USER : ....
NOTE : ....

WEB SITE :

USER NAME : ....
PASSWORD : ....
EMAIL USER : ....
NOTE : ....

WEB SITE :

USER NAME : ....
PASSWORD : ....
EMAIL USER : ....
NOTE : ....

WEB SITE :

USER NAME : ....
PASSWORD : ....
EMAIL USER : ....
NOTE : ....

A B C D E F G H I J K L M N O P Q R **S** T U V W X Y Z

A B C D E F G H I J K L M N O P Q R S **T** U V W X Y Z

WEB SITE :

USER NAME : ....

PASSWORD : ....

EMAIL USER : ....

NOTE : ....

WEB SITE :

USER NAME : ....

PASSWORD : ....

EMAIL USER : ....

NOTE : ....

WEB SITE :

USER NAME : ....

PASSWORD : ....

EMAIL USER : ....

NOTE : ....

WEB SITE :

USER NAME : ....

PASSWORD : ....

EMAIL USER : ....

NOTE : ....

WEB SITE :

USER NAME : ....

PASSWORD : ....

EMAIL USER : ....

NOTE : ....

WEB SITE :

USER NAME : ....

PASSWORD : ....

EMAIL USER : ....

NOTE : ....

WEB SITE :

USER NAME : ....

PASSWORD : ....

EMAIL USER : ....

NOTE : ....

WEB SITE :

USER NAME : ....

PASSWORD : ....

EMAIL USER : ....

NOTE : ....

WEB SITE :

USER NAME : ....

PASSWORD : ....

EMAIL USER : ....

NOTE : ....

WEB SITE :

USER NAME : ....

PASSWORD : ....

EMAIL USER : ....

NOTE : ....

WEB SITE :

USER NAME : ....

PASSWORD : ....

EMAIL USER : ....

NOTE : ....

WEB SITE :

USER NAME : ....

PASSWORD : ....

EMAIL USER : ....

NOTE : ....

WEB SITE :
USER NAME : ....
PASSWORD : ....
EMAIL USER : ....
NOTE : ....

WEB SITE :
USER NAME : ....
PASSWORD : ....
EMAIL USER : ....
NOTE : ....

WEB SITE :
USER NAME : ....
PASSWORD : ....
EMAIL USER : ....
NOTE : ....

WEB SITE :
USER NAME : ....
PASSWORD : ....
EMAIL USER : ....
NOTE : ....

A B C D E F G H I J K L M N O P Q R S **T** U V W X Y Z

WEB SITE :

USER NAME : ....

PASSWORD : ....

EMAIL USER : ....

NOTE : ....

WEB SITE :

USER NAME : ....

PASSWORD : ....

EMAIL USER : ....

NOTE : ....

WEB SITE :

USER NAME : ....

PASSWORD : ....

EMAIL USER : ....

NOTE : ....

WEB SITE :

USER NAME : ....

PASSWORD : ....

EMAIL USER : ....

NOTE : ....

WEB SITE :

USER NAME : ....
PASSWORD : ....
EMAIL USER : ....
NOTE : ....

WEB SITE :

USER NAME : ....
PASSWORD : ....
EMAIL USER : ....
NOTE : ....

WEB SITE :

USER NAME : ....
PASSWORD : ....
EMAIL USER : ....
NOTE : ....

WEB SITE :

USER NAME : ....
PASSWORD : ....
EMAIL USER : ....
NOTE : ....

A B C D E F G H I J K L M N O P Q R S T **U** V W X Y Z

A B C D E F G H I J K L M N O P Q R S T **U** V W X Y Z

WEB SITE :

USER NAME : ....

PASSWORD : ....

EMAIL USER : ....

NOTE : ....

WEB SITE :

USER NAME : ....

PASSWORD : ....

EMAIL USER : ....

NOTE : ....

WEB SITE :

USER NAME : ....

PASSWORD : ....

EMAIL USER : ....

NOTE : ....

WEB SITE :

USER NAME : ....

PASSWORD : ....

EMAIL USER : ....

NOTE : ....

WEB SITE :

USER NAME : ....
PASSWORD : ....
EMAIL USER : ....
NOTE : ....

WEB SITE :

USER NAME : ....
PASSWORD : ....
EMAIL USER : ....
NOTE : ....

WEB SITE :

USER NAME : ....
PASSWORD : ....
EMAIL USER : ....
NOTE : ....

WEB SITE :

USER NAME : ....
PASSWORD : ....
EMAIL USER : ....
NOTE : ....

A B C D E F G H I J K L M N O P Q R S T **U** V W X Y Z

WEB SITE :

USER NAME :..
PASSWORD :..
EMAIL USER :..
NOTE :..

WEB SITE :

USER NAME :..
PASSWORD :..
EMAIL USER :..
NOTE :..

WEB SITE :

USER NAME :..
PASSWORD :..
EMAIL USER :..
NOTE :..

WEB SITE :

USER NAME :..
PASSWORD :..
EMAIL USER :..
NOTE :..

WEB SITE :

USER NAME :

PASSWORD :

EMAIL USER :

NOTE :

WEB SITE :

USER NAME :

PASSWORD :

EMAIL USER :

NOTE :

WEB SITE :

USER NAME :

PASSWORD :

EMAIL USER :

NOTE :

WEB SITE :

USER NAME :

PASSWORD :

EMAIL USER :

NOTE :

WEB SITE :

USER NAME : ....

PASSWORD : ....

EMAIL USER : ....

NOTE : ....

WEB SITE :

USER NAME : ....

PASSWORD : ....

EMAIL USER : ....

NOTE : ....

WEB SITE :

USER NAME : ....

PASSWORD : ....

EMAIL USER : ....

NOTE : ....

WEB SITE :

USER NAME : ....

PASSWORD : ....

EMAIL USER : ....

NOTE : ....

WEB SITE :

USER NAME :
PASSWORD :
EMAIL USER :
NOTE :

WEB SITE :

USER NAME :
PASSWORD :
EMAIL USER :
NOTE :

WEB SITE :

USER NAME :
PASSWORD :
EMAIL USER :
NOTE :

WEB SITE :

USER NAME :
PASSWORD :
EMAIL USER :
NOTE :

A B C D E F G H I J K L M N O P Q R S T U V **W** X Y Z

WEB SITE :

USER NAME :
PASSWORD :
EMAIL USER :
NOTE :

WEB SITE :

USER NAME :
PASSWORD :
EMAIL USER :
NOTE :

WEB SITE :

USER NAME :
PASSWORD :
EMAIL USER :
NOTE :

WEB SITE :

USER NAME :
PASSWORD :
EMAIL USER :
NOTE :

WEB SITE :

USER NAME : ....

PASSWORD : ....

EMAIL USER : ....

NOTE : ....

WEB SITE :

USER NAME : ....

PASSWORD : ....

EMAIL USER : ....

NOTE : ....

WEB SITE :

USER NAME : ....

PASSWORD : ....

EMAIL USER : ....

NOTE : ....

WEB SITE :

USER NAME : ....

PASSWORD : ....

EMAIL USER : ....

NOTE : ....

A B C D E F G H I J K L M N O P Q R S T U V **W** X Y Z

WEB SITE :

USER NAME : ....

PASSWORD : ....

EMAIL USER : ....

NOTE : ....

WEB SITE :

USER NAME : ....

PASSWORD : ....

EMAIL USER : ....

NOTE : ....

WEB SITE :

USER NAME : ....

PASSWORD : ....

EMAIL USER : ....

NOTE : ....

WEB SITE :

USER NAME : ....

PASSWORD : ....

EMAIL USER : ....

NOTE : ....

WEB SITE :

USER NAME : ....

PASSWORD : ....

EMAIL USER : ....

NOTE : ....

WEB SITE :

USER NAME : ....

PASSWORD : ....

EMAIL USER : ....

NOTE : ....

WEB SITE :

USER NAME : ....

PASSWORD : ....

EMAIL USER : ....

NOTE : ....

WEB SITE :

USER NAME : ....

PASSWORD : ....

EMAIL USER : ....

NOTE : ....

WEB SITE :

USER NAME : ....

PASSWORD : ....

EMAIL USER : ....

NOTE : ....

WEB SITE :

USER NAME : ....

PASSWORD : ....

EMAIL USER : ....

NOTE : ....

WEB SITE :

USER NAME : ....

PASSWORD : ....

EMAIL USER : ....

NOTE : ....

WEB SITE :

USER NAME : ....

PASSWORD : ....

EMAIL USER : ....

NOTE : ....

WEB SITE :

USER NAME :

PASSWORD :

EMAIL USER :

NOTE :

WEB SITE :

USER NAME :

PASSWORD :

EMAIL USER :

NOTE :

WEB SITE :

USER NAME :

PASSWORD :

EMAIL USER :

NOTE :

WEB SITE :

USER NAME :

PASSWORD :

EMAIL USER :

NOTE :

A B C D E F G H I J K L M N O P Q R S T U V W X Y Z

A
B
C
D
E
F
G
H
I
J
K
L
M
N
O
P
Q
R
S
T
U
V
W
X
Y
Z

WEB SITE :

USER NAME : ....

PASSWORD : ....

EMAIL USER : ....

NOTE : ....

WEB SITE :

USER NAME : ....

PASSWORD : ....

EMAIL USER : ....

NOTE : ....

WEB SITE :

USER NAME : ....

PASSWORD : ....

EMAIL USER : ....

NOTE : ....

WEB SITE :

USER NAME : ....

PASSWORD : ....

EMAIL USER : ....

NOTE : ....

WEB SITE :

USER NAME :
PASSWORD :
EMAIL USER :
NOTE :

WEB SITE :

USER NAME :
PASSWORD :
EMAIL USER :
NOTE :

WEB SITE :

USER NAME :
PASSWORD :
EMAIL USER :
NOTE :

WEB SITE :

USER NAME :
PASSWORD :
EMAIL USER :
NOTE :

A B C D E F G H I J K L M N O P Q R S T U V W **X** Y Z

A
B
C
D
E
F
G
H
I
J
K
L
M
N
O
P
Q
R
S
T
U
V
W
X
Y
Z

WEB SITE :

USER NAME : ....

PASSWORD : ....

EMAIL USER : ....

NOTE : ....

WEB SITE :

USER NAME : ....

PASSWORD : ....

EMAIL USER : ....

NOTE : ....

WEB SITE :

USER NAME : ....

PASSWORD : ....

EMAIL USER : ....

NOTE : ....

WEB SITE :

USER NAME : ....

PASSWORD : ....

EMAIL USER : ....

NOTE : ....

| WEB SITE : |
| USER NAME : .... |
| PASSWORD : .... |
| EMAIL USER : .... |
| NOTE : .... |

| WEB SITE : |
| USER NAME : .... |
| PASSWORD : .... |
| EMAIL USER : .... |
| NOTE : .... |

| WEB SITE : |
| USER NAME : .... |
| PASSWORD : .... |
| EMAIL USER : .... |
| NOTE : .... |

| WEB SITE : |
| USER NAME : .... |
| PASSWORD : .... |
| EMAIL USER : .... |
| NOTE : .... |

A B C D E F G H I J K L M N O P Q R S T U V W X Y Z

WEB SITE :

USER NAME : ....

PASSWORD : ....

EMAIL USER : ....

NOTE : ....

WEB SITE :

USER NAME : ....

PASSWORD : ....

EMAIL USER : ....

NOTE : ....

WEB SITE :

USER NAME : ....

PASSWORD : ....

EMAIL USER : ....

NOTE : ....

WEB SITE :

USER NAME : ....

PASSWORD : ....

EMAIL USER : ....

NOTE : ....

WEB SITE :

USER NAME : ....
PASSWORD : ....
EMAIL USER : ....
NOTE : ....

WEB SITE :

USER NAME : ....
PASSWORD : ....
EMAIL USER : ....
NOTE : ....

WEB SITE :

USER NAME : ....
PASSWORD : ....
EMAIL USER : ....
NOTE : ....

WEB SITE :

USER NAME : ....
PASSWORD : ....
EMAIL USER : ....
NOTE : ....

A B C D E F G H I J K L M N O P Q R S T U V W X **Y** Z

A B C D E F G H I J K L M N O P Q R S T U V W X Y **Z**

WEB SITE :

USER NAME : ....

PASSWORD : ....

EMAIL USER : ....

NOTE : ....

WEB SITE :

USER NAME : ....

PASSWORD : ....

EMAIL USER : ....

NOTE : ....

WEB SITE :

USER NAME : ....

PASSWORD : ....

EMAIL USER : ....

NOTE : ....

WEB SITE :

USER NAME : ....

PASSWORD : ....

EMAIL USER : ....

NOTE : ....

WEB SITE :

USER NAME : ....
PASSWORD : ....
EMAIL USER : ....
NOTE : ....

WEB SITE :

USER NAME : ....
PASSWORD : ....
EMAIL USER : ....
NOTE : ....

WEB SITE :

USER NAME : ....
PASSWORD : ....
EMAIL USER : ....
NOTE : ....

WEB SITE :

USER NAME : ....
PASSWORD : ....
EMAIL USER : ....
NOTE : ....

A B C D E F G H I J K L M N O P Q R S T U V W X Y Z

A B C D E F G H I J K L M N O P Q R S T U V W X Y **Z**

WEB SITE :

USER NAME : ....

PASSWORD : ....

EMAIL USER : ....

NOTE : ....

WEB SITE :

USER NAME : ....

PASSWORD : ....

EMAIL USER : ....

NOTE : ....

WEB SITE :

USER NAME : ....

PASSWORD : ....

EMAIL USER : ....

NOTE : ....

WEB SITE :

USER NAME : ....

PASSWORD : ....

EMAIL USER : ....

NOTE : ....

WEB SITE :

USER NAME :
PASSWORD :
EMAIL USER :
NOTE :

WEB SITE :

USER NAME :
PASSWORD :
EMAIL USER :
NOTE :

WEB SITE :

USER NAME :
PASSWORD :
EMAIL USER :
NOTE :

WEB SITE :

USER NAME :
PASSWORD :
EMAIL USER :
NOTE :

A B C D E F G H I J K L M N O P Q R S T U V W X Y **Z**

USEFUL INTERNET & COMPUTER INFORMATION

INTERNET SERVICE PROVIDER NAME:

ACCOUNT NUMBER:

TECH SUPPORT:

CUSTOMER SERVICE:

NOTE:

ROUTER/WIRELESS ACCESS POINT

MODEL NUMBER:

SERIAL NUMBER:

OUTGOING SERVER:

DEFAULT USERNAME:

DEFAULT PASSWORD:

USER DEFAINED RL/IP ADDRESS:

USER DEFAINED USERNAME:

USER DEFAINED PASSWORD

NOTE:

DOMAIN INFORMATION

DOMAIN NAME:

HOST ADDRESS:

USERNAME:

PASSWORD:

TECH SUPPORT:

CUSTOMER SERVICE:

NOTE:

EMAIL PERSONAL

MAIL SERVER TYPE:

INCOMING SERVER:

OUTGOING SERVER:

USERNAME:

PASSWORD:

EMAIL WORK

MAIL SERVER TYPE:

INCOMING SERVER:

OUTGOING SERVER:

USERNAME:

PASSWORD:

NOTES

NOTES

NOTES

NOTES

NOTES

NOTES

NOTES

NOTES

NOTES

NOTES

NOTES